DES RECETTES SCANDINAVES À TOMBER AMOUREUX

Sakura Tanaka

&

Hinata Natsuki

D1731851

PRÉFACE DE L'ÉDITEUR

Nous prenons grand soin de nous assurer que nos recettes peuvent être recuites avec succès. Nous avons généralement rédigé des instructions très précises, étape par étape, afin que tout le monde puisse vraiment recuire nos recettes.

Avec nos recettes, vous n'avez pas à craindre que cela ne fonctionne pas. Avec nos recettes, ça marchera.

Nos recettes peuvent être adaptées à tous les goûts de manière ludique, afin que tout le monde puisse vraiment apprécier nos recettes. Dans la préparation, vous trouverez également des instructions pour que cela fonctionne.

Vous trouverez dans nos livres de cuisine de nombreuses recettes traditionnelles, mais aussi des recettes modernisées. Comme il arrive souvent que l'on ne puisse pas trouver tous les ingrédients d'une recette à proximité, nous avons modifié certaines recettes avec des ingrédients similaires qui donnent le même résultat, mais qui peuvent en tout cas être recuisinés sans dépenser beaucoup d'argent en ingrédients et sans avoir à les chercher.

Laissez-vous inspirer par nos délicieuses recettes et découvrez une nouvelle culture de la cuisine.

Nous sommes heureux que vous ayez choisi ce livre. Si vous êtes en possession d'un livre de poche, nous vous enverrons volontiers la même chose qu'un livre électronique, vous pourrez alors facilement tourner les pages aussi bien numériquement que normalement.

Nous attachons une grande importance au fait que tous nos auteurs, lorsqu'ils ont créé leurs propres livres de cuisine, ont refait toutes leurs recettes plusieurs fois.
Par conséquent, la qualité de la conception des recettes et les instructions de re-cuisson sont détaillées et réussiront certainement.

Nos auteurs s'efforcent d'optimiser vos recettes, mais les goûts sont et seront toujours différents !

Chez Mindful Publishing, nous soutenons la création des livres, afin que les auteurs créatifs des recettes puissent prendre leur temps et apprécier la cuisine.

Nous apprécions votre opinion sur nos recettes, c'est pourquoi nous vous serions reconnaissants de nous faire part de vos commentaires sur le livre et de votre expérience avec ces excellentes recettes !

Afin de réduire les coûts d'impression de nos livres et d'offrir la possibilité de proposer des recettes dans les livres, nous devons nous passer d'images dans les livres de cuisine. La version numérique a le même contenu que le livre de poche.

Nos recettes vous convaincront et vous révéleront un style culinaire dont vous ne pourrez plus vous passer !

Assez de l'avant-propos, que les recettes commencent !

SOUPE DE POISSON SUÉDOISE

SMÖRGÅSTÅRTA - GÂTEAU DE PAIN SUÉDOIS

HAVREFLARN

PAIN BLANC SUÉDOIS

PETITS PAINS SUÉDOIS DU DIMANCHE

PAIN D'ÉPICES SUÉDOIS

BOULETTES DE VIANDE SUÉDOISES AVEC PURÉE DE
POMMES DE TERRE ET SAUCE BRUNE

CHEESECAKE AUX FRAMBOISES ET AU CHOCOLAT
BLANC

DRÖMMAR - BISCUITS SUÉDOIS

ROULEAUX DE PUNCH SUÉDOIS

TORTE SUÉDOISE AUX AMANDES

SALADE DE PÂTES

GÂTEAU D'ANNIVERSAIRE SUÉDOIS

BULLAR - GÂTEAUX SUÉDOIS À LA LEVURE

BISCUITS SUÉDOIS AUX ÉPICES - BISCUITS D'ORIGNAL

GÂTEAU AUX NOIX

POMMES DE TERRE SUÉDOISES AU FOUR AVEC DU
FROMAGE BLANC AUX HERBES

KÖTTBULLAR À LA CRÈME DE CHAMPIGNONS

SAKURA TANAKA

GÂTEAU AU CHOCOLAT SUÉDOIS

IMPRINT

POMME SUÉDOISE
- FLAN

510 kcal
Temps total environ 30 minutes

Ingrédients
6 pommes de taille moyenne, (Boskoop)
150 g de sucre de canne
150 g d'amandes, grossièrement hachées
100 g de beurre
1 ½ cuillère à soupe de farine
1 tasse de crème
2 cuillères à café de sucre vanillé
éventuellement du lait

Préparation
Coupez en deux les pommes épluchées et
évidées, et placez-les dans un plat épaissement
beurré, la surface coupée vers le bas.

Mélangez la farine dans une tasse avec un
peu de crème froide, ajoutez un peu de lait si
nécessaire. Faites chauffer le reste de la crème
avec le sucre et le sucre vanillé. Incorporez

le mélange crème-farine et laissez-le bouillir brièvement en remuant constamment. Ajoutez les amandes et versez la sauce sur les pommes.

Faites cuire au four à 225° pendant 15 à 20 minutes.

GÂTEAU SUÉDOIS AUX POIRES

3403 kcal
Temps total environ 20 minutes

Ingrédients
Pour la pâte :
100 g de beurre
150 g de sucre
3 œufs, y compris le jaune
200 g de farine
1 paquet de levure chimique
1 paquet de sucre vanillé, (ou une gousse de vanille)
3 cuillères à soupe de lait
3 poires
Pour le revêtement de sol :
2 œufs
2 paquets de sucre vanillé
50 g de sucre
250 ml de crème fraîche

Préparation
Pour la pâte : Mélangez le beurre, le sucre, le

jaune d'œuf, la farine, la levure chimique, le lait, le sucre vanillé (ou l'intérieur de la gousse de vanille) pour obtenir une pâte. Versez-la dans un moule à gâteau graissé et allongé. Pelez et évidez les poires, puis coupez-les en petits morceaux. Pressez-les uniformément dans la pâte.

Faites cuire dans un four préchauffé à 180°C pendant 20 minutes.

Pour le nappage : Battez les œufs, le sucre vanillé et le sucre jusqu'à ce que le mélange soit mousseux. Incorporer la crème fraîche. Étalez sur le gâteau. Couvrez et faites cuire au four pendant 25 minutes supplémentaires.

PLAT DE FROMAGE BLANC SUÉDOIS

335 kcal
Temps total : environ 15 minutes

Ingrédients
20 g de farine d'amidon
½ paquet de sucre vanillé
¼ Litres de lait
250 g de fromage blanc allégé
40 g de sucre
150 g de pommes
Jus de citron

Préparation
Mélangez la farine d'amidon et le sucre vanillé avec le lait froid et faites chauffer en remuant, ce qui donne un mélange visqueux. Mettez-les ensuite au frais.

Mélangez le fromage blanc allégé avec le sucre et battez jusqu'à ce qu'il devienne mousseux. Incorporez délicatement le mélange de fécule refroidi. Lavez, pelez et évidez les pommes, coupez-les en petits cubes et arrosez-les d'un peu de jus de citron. Incorporez-les immédiatement au fromage blanc.

Gardez au frais jusqu'au moment de servir.

GLASMÄSTARSILL

Temps de travail : environ 20 minutes
Temps de repos env. 2 jours
Temps total environ 2 jours 20 minutes

ingrédients
¾ tasses de vinaigre
½ tasse d'eau
½ tasse de sucre
4 filets de poisson (filets de matje)
2 oignons rouges
1 morceau de raifort frais
1 carotte
1 morceau de racine de gingembre
2 cuillères à café de piment de la Jamaïque
2 cuillères à café de graines de moutarde
3 feuilles de laurier

Préparation
Portez le vinaigre, l'eau et le sucre à ébullition
dans une casserole. Lorsque le sucre est
complètement dissous, laissez la marinade
refroidir à température ambiante.

Coupez les filets de maté en morceaux d'environ

2 cm de large. Emincez les oignons rouges épluchés, la carotte épluchée, le raifort épluché (un morceau d'environ 4 cm de long) et la racine de gingembre (environ 1 à 2 cm).

Tapissez le fond d'un bocal d'un litre d'une couche d'oignons. Superposez les morceaux de hareng, les carottes, la racine de gingembre et le raifort. Placez le piment de la Jamaïque, les graines de moutarde et une feuille de laurier sur le dessus. Répétez l'ensemble du processus plusieurs fois. Il devrait en résulter 3 à 4 couches. Versez la marinade refroidie sur le contenu du verre, qui doit être entièrement recouvert. Fermez le bocal hermétiquement, le plus hermétiquement possible, et conservez-le au réfrigérateur pendant 2 à 3 jours avant de le consommer.

Il est particulièrement décoratif de placer verticalement quelques tranches d'oignons et de carottes sur le bord du verre et de recouvrir le verre d'une fine couche d'oignons et de carottes. Il peut être servi dans un verre ou disposé de manière décorative. Il convient comme entrée ou pour un buffet froid.

GOULACHE DE POISSON AUX TOMATES ET AUX POMMES DE TERRE

383 kcal
Temps total environ 20 minutes

Ingrédients
1 oignon de taille moyenne
2 cuillères à soupe d'huile
300 g de tomates
1 cuillère à soupe de concentré de tomates
300 g de pommes de terre
2 cuillères à café de sucre
1 gousse d'ail hachée
1 feuille de laurier
bouillon à volonté
sel et poivre

PAPRIKA EN POUDRE

Thym
300 g de filet de poisson (par ex. morue
polaire), frais ou congelé
50 ml de crème

Préparation
Hacher finement l'oignon et le faire revenir dans
l'huile jusqu'à ce qu'il soit doré. Lavez les tomates,
enlevez le pédoncule et coupez-les en petits
cubes. Ajoutez-les à l'oignon avec le concentré
de tomates et faites-les revenir brièvement.

Lavez et épluchez les pommes de terre et coupez-
les en cubes. Ajoutez-les aux tomates. Ajoutez
maintenant le sucre, l'ail et le laurier et versez le
bouillon. Saupoudrez d'épices, remuez et faites
cuire avec un couvercle fermé jusqu'à ce que les
pommes de terre soient presque tendres.

Lavez les filets de poisson, coupez-les en dés
et ajoutez-les. Laissez-les cuire à feu doux.
Veillez à ce que le poisson ne se défasse pas

(remuez soigneusement). Enfin, affiner avec de la crème, assaisonner à nouveau et servir avec de la baguette fraîche ou du pain blanc.

MÉLANGE DE CONCOMBRES SUÉDOIS

Temps de travail environ 30 minutes
Temps de repos environ 1 jour 12 heures
Temps total environ 1 jour 12 heures 30 minutes

Ingrédients
1 kg de concombre ou de cornichon
1 gros oignon
1 poivron rouge
1 poivron vert
1 cuillère à café bombée de raifort râpé
100 ml de vinaigre - essence (24%)
300 ml d'eau
400 g de sucre
1 cuillère à café de sel, bien tassée
1 cuillère à café bombée de graines
de moutarde, écrasées

Préparation
Lavez soigneusement les concombres

sous l'eau courante.
Epluchez l'oignon. Lavez les poivrons
et épépinez-les.
Hachez ou râpez le tout au robot ou à la main pour
obtenir des morceaux assez petits - pas de bouillie.
Faites bouillir l'eau, le vinaigre, le sucre, le sel
et les graines de moutarde dans une grande
casserole. Incorporez le mélange concombre-
paprika. Laisser bouillir doucement à tiers
sans couvercle. Un peu plus de 30 minutes.
Incorporez le raifort râpé entre-temps.

Faites chauffer au moins 6 verres propres
(d'un volume de 250 grammes chacun, avec
un couvercle tournant) au bain-marie.
Remplissez les verres propres et chauds
avec le mélange de concombres, fermez-les
hermétiquement et placez-les à l'envers sur le
couvercle pendant quelques minutes. Placez les
bocaux dans le bon sens et observez que les couver-
cles se retournent vers l'intérieur avec un plop.
Gardez les bocaux au frais.

Le mélange de concombres convient comme
accompagnement de viande, de boulettes
de viande, de poisson, de purée de pommes
de terre ou directement sur du pain.
Après quelques jours de repos, les concombres sont
bien égouttés et idéaux pour la consommation.

CRÊPES AU BACON

706 kcal
Temps total environ 10 minutes

Ingrédients
1 tasse de farine
2 oeufs
1 tasse de lait
½ cuillère à café de sel
100 g de bacon, marbré
Beurre, pour la friture

Préparation
Tamisez la farine et incorporez-la progressivement
au lait à l'aide d'un fouet. Ajoutez ensuite
les œufs et mélangez pour obtenir une
pâte lisse. Ajoutez le sel à la pâte.
Coupez le lard en cubes et faites toujours frire
quelques cubes de lard dans un peu de beurre
jusqu'à ce qu'ils deviennent translucides. Versez une
louche de pâte sur les cubes de bacon et faites-les
frire des deux côtés jusqu'à ce qu'ils soient dorés.

STROGANOFF DE KORV

Temps total environ 25 minutes

Ingrédients
400 g de saucisse (Falukorv suédois - alternativement saucisse de viande)
250 g de crème fouettée (15 % de matières grasses)
370 g de tomate, coupée en morceaux
1 cube d'herbes aromatiques
1 petit oignon
1 dose de sauce soja
Sel et poivre

Préparation
Pelez la saucisse. Coupez-la d'abord en tranches de 0,5 cm d'épaisseur, puis en lanières.

Pelez et hachez finement l'oignon et faites-le rôtir dans une poêle. Ajoutez les lanières de saucisse et faites-les revenir. Ajoutez ensuite les tomates et la crème et laissez mijoter pendant 5 minutes. Enfin, ajoutez le cube d'herbes et assaisonnez avec du sel, du poivre et un petit trait de sauce soja.

Se marie bien avec des pâtes ou du riz.

Les Suédois mangeraient des snabbmakaroners. Ce sont de petites nouilles en forme de croissant qui sont cuites en 3-4 minutes.

PETITS PAINS SUCRÉS

3165 kcal
Temps de travail environ 20 minutes
Temps de repos environ 1 heure
Temps total environ 1 heure 20 minutes

Ingrédients
500 g de farine
230 ml de lait, tiède
2 pincées de safran
6 cuillères à soupe de sucre
30 g de levure fraîche
½ cuillère à café de sel
½ cuillère à café de cardamome, moulue
50 g de beurre, mou
75 g de raisins secs, peuvent aussi être laissés de côté
1 œuf, ou jaune d'œuf pour tartiner
Farine, pour la transformation
un peu de sucre grêle, pour saupoudrer

Préparation
Mettez la farine dans un bol. Ajouter la cardamome,

le sel et le beurre à la farine. Incorporer la levure,
le sucre et le safran dans le lait tiède. Ajoutez le
lait de levure et de sucre à la farine et pétrissez
la pâte sur un plan de travail fariné (environ
5 minutes). Laissez la pâte lever dans un bol
saupoudré de farine pendant au moins 30 minutes.

Ajoutez les raisins secs à la pâte et pétrissez à nouveau. Formez entre 9 et 12 rouleaux et placez-les sur
une plaque de cuisson recouverte de papier sulfurisé. Laissez-les lever à nouveau pendant 30 minutes.

Préchauffez le four à 200°C.

Battre l'œuf ou le jaune d'œuf, en badigeonner
les rouleaux et les saupoudrer de sucre.
Faites cuire les rouleaux au milieu du four
à 180°C pendant environ 20 minutes.

TOMATSILD - SALADE DE HARENGS SCANDINAVE

Temps de travail : environ 15 minutes
Temps de repos : 2 minutes environ
Temps total environ 17 minutes

Ingrédients
400 g de harengs Bismarck, égouttés
80 g d'oignon, coupé en cubes pas trop fins
75 g de concentré de tomates
25 g d'huile de colza
50 g d'eau
125 g de sucre
2 cuillères à soupe d'aneth, fraîchement coupé
1 cuillère à soupe de graines de moutarde jaune
2 petites feuilles de laurier
3 cuillères à soupe de vinaigre
½ cuillère à café de poivre blanc moulu

Préparation

Mélangez tous les ingrédients, sauf le hareng
et les oignons, pour en faire une marinade.

Tamponner le hareng égoutté, le couper en
morceaux d'environ 1 cm et le mélanger à la marinade avec les oignons. Placez au réfrigérateur pendant
au moins 2 heures, de préférence toute la nuit.

Ensuite, remuez à nouveau et saupoudrez
d'aneth frais si nécessaire.

Le Tomatsild est un plat de harengs facile à
préparer qui ne devrait manquer dans aucun
buffet de petit-déjeuner en Scandinavie.

HASSELBACKS

588 kcal
Temps total environ 30 minutes

Ingrédients
24 pommes de terre, lavées à grande eau
24 feuilles de laurier fraîches, coupées en
deux dans le sens de la longueur
4 cuillères à soupe d'huile d'olive, bonne
15 g de beurre
1 gousse d'ail, pressée
Sel marin, grossier
Poivre, fraîchement moulu

Préparation
Placez les pommes de terre* non pelées et propres
avec le côté plat sur la planche à découper et faites
des tranches fines de 2-3 mm, transversalement
à l'axe longitudinal, de sorte que les tranches
ne traversent pas la pomme de terre. Mettez 2
feuilles de laurier coupées en deux dans chaque
pomme de terre dans les coupes, bien réparties.

Versez l'huile d'olive et le beurre dans une poêle et
mélangez l'ail dans la graisse à feu moyen. Ajoutez

les pommes de terre une par une à la main et faites-les frire jusqu'à ce qu'elles prennent de la couleur, en les retournant pour que la graisse soit bien répartie.
Retirez-les et saupoudrez-les de
sel marin et de poivre.

Mettez-les sur une plaque de cuisson et faites-les cuire au four préchauffé (four électrique 190°, four ventilé environ 170°) pendant environ une demi-heure jusqu'à ce qu'elles soient dorées, les tranches s'ouvrant comme des éventails.

A déguster en plat principal avec du fromage blanc aux herbes ou de la crème fraîche et une salade, en accompagnement d'un saumon fumé ou d'un rôti en sauce.

BOULES DE CHOCOLAT SUÉDOISES - CHOKLADBOLLAR

1336 kcal
Temps total environ 20 minutes

Ingrédients
100 g de beurre ou de margarine
85 g de sucre
1 cuillère à café de sucre vanillé
2 cuillères à soupe de cacao en poudre
100 ml de flocons d'avoine
2 cuillères à soupe de café fort,
froid (éventuellement 3)
Noix de coco râpée ou sucre, pour la décoration

Préparation
Mélangez le beurre ou la margarine avec le sucre
et le sucre vanillé jusqu'à ce que le mélange
devienne mousseux. Ajouter le cacao, les flocons

d'avoine et le café et bien mélanger. Formez la pâte en petites boules rondes et roulez-les dans le sucre ou la noix de coco râpée. Conservez-les au réfrigérateur jusqu'à leur consommation.

GÂTEAU TOSCA

3963 kcal
Temps de travail env. 20 minutes
Temps de cuisson/cuisson environ 40 minutes
Temps total environ 1 heure

ingrédients
Pour la pâte :
100 g de beurre
2 œufs
140 g de sucre
125 g de farine
1 cuillère à café de levure chimique
50 ml de crème OU : 50 ml de lait
un peu de sel

Pour le glaçage :
100 g de beurre
90 g de sucre
3 cuillères à soupe de farine
3 cuillères à soupe de lait
un peu de sel
75 g d'amandes, hachées ou coupées en tranches
Beurre, pour le moule
chapelure, pour saupoudrer

Préparation

Graissez un moule à charnière avec du beurre, puis saupoudrez de chapelure pour que le gâteau soit plus facile à démouler et ait une belle croûte. Préchauffez le four à 175°C (chaleur supérieure et inférieure). Faites fondre le beurre et laissez-le refroidir. Pendant ce temps, battez le sucre et les œufs jusqu'à ce qu'ils soient mousseux. Ajoutez d'abord le beurre, puis la farine mélangée à la levure chimique et la crème ou le lait. Mélangez bien le tout et remplissez le moule graissé. Faites cuire la pâte sur la grille centrale du four pendant 20-25 minutes. Pendant ce temps, préparez le glaçage. Mettez tous les ingrédients dans une casserole et mélangez-les. Portez délicatement le mélange à ébullition tout en remuant jusqu'à ce qu'il devienne doré et dur. Sortez le gâteau du four et étalez le glaçage sur le dessus. Faites cuire à nouveau au four pendant environ 15 minutes. Laissez refroidir le gâteau terminé, puis servez-le comme vous le souhaitez.

RAGOÛT SUÉDOIS DE POIS - ÄRTER OCH FLÄSK

Temps de travail : environ 40 minutes
Temps de repos environ 12 heures
Temps de cuisson/de cuisson au four environ
2 heures 30 minutes
Temps total environ 15 heures 10 minutes

ingrédients
300 g de petits pois jaunes séchés
2 litres d'eau
sel et poivre blanc
Marjolaine
Thym
1 oignon
1 os de l'épaule de porc
600 g d'épaule de porc désossée
1 bâton de poireau
2 carottes
150 g de céleri-rave
1 bouquet de persil

Préparation

Laver les petits pois et les faire tremper toute la nuit. Le lendemain, portez à ébullition l'eau de trempage avec les épices, l'oignon finement haché et l'os.

Après environ une heure de cuisson légère, ajoutez l'épaule de porc et les légumes finement hachés et laissez mijoter pendant encore une heure et demie.

Retirer l'os. Retirez la viande, coupez-la en cubes et remettez-la dans la soupe. Assaisonnez à votre goût et saupoudrez le persil finement haché.

PAIN POLAIRE

525 kcal
Temps de travail env. 10 minutes
Temps de cuisson/de cuisson au
four : environ 10 minutes
Temps total environ 20 minutes

ingrédients
125 ml d'eau
50 g de beurre
200 g de farine
Sel, à volonté

Préparation
Faire fondre le beurre dans une casserole,
ajouter l'eau, la farine et le sel.
Retirer du feu et pétrir une pâte, former un rouleau.
Couper le rouleau en fines tranches. Etaler les
tranches fines avec un rouleau à pâtisserie. Faites
frire ces tranches de pâte dans la poêle sans huile.
Recouvrir le pain polaire fini d'une fine couche
de beurre, d'une feuille de salade et, par exemple,
de poisson ou de viande et le rouler.

FLYING JACOB - RECETTE NATIONALE

578 kcal
Temps de travail env. 15 minutes
temps de cuisson/de cuisson au
four environ 30 minutes
Temps total environ 45 minutes

ingrédients
½ kg de filet de poitrine de poulet
1 gros oignon, coupé en dés
100 g de bacon, coupé en dés
250 g de champignons, coupés en feuilles
un peu de sauce soja
½ Tasse de crème
½ tasse de crème fraîche
un peu d'huile, (huile d'arachide)
2 morceaux de banane
50 g de cacahuètes, hachées
un peu de Garam Masala
selon votre goût Sauce chili, douce

de la poudre de chili au goût
sel au goût

Préparation

Coupez le filet de poulet en petits morceaux et salez-les. Faites-le frire dans un peu d'huile d'arachide jusqu'à ce qu'il soit bien doré, puis ajoutez des dés de lard et d'oignon et faites-les également frire. Déglacez avec un peu de sauce soja, de crème et de crème fraiche et laissez mijoter. Faites brièvement revenir les champignons émincés dans une poêle séparée avec un peu d'huile. Ajoutez les champignons à la viande. Assaisonnez avec un peu de poudre de chili, de Garam Masala et de sauce chili douce. Versez le tout dans un plat à gratin et posez dessus les 2 bananes coupées en fines tranches. Mettez le tout au four à 200 degrés pendant 20 minutes. Après 10 minutes de cuisson, ajoutez les cacahuètes hachées.

KLADDKAKA – GÂTEAU SUÉDOIS COLLANT

Temps total environ 10 minutes

ingrédients
2 œufs
300 ml de sucre
4 cuillères à soupe de poudre de cacao
1 cuillère à café de sucre vanillé
100 ml de beurre, fondu (environ 50 g)
150 ml de farine

Préparation
Mélangez les ingrédients un par un, pressez-les dans un moule à charnière. Faites cuire au four à 175 °C pendant 20 à 30 minutes.

Servir avec de la crème fouettée

SOUPE DE POISSON SUÉDOISE

511 kcal
Temps total environ 20 minutes

ingrédients
6 pommes de terre
400 g de filet de poisson, surgelé
200 g de crème fouettée
1 bouquet d'aneth ou de persil
800 ml de bouillon de légumes
2 bâtonnets de poireau
1 pincée de poivre blanc
50 g de beurre

Préparation
Lavez le poireau et coupez-le en rondelles. Faites-les sauter dans le beurre. Ajoutez les pommes de terre épluchées et coupées en dés et versez suffisamment de bouillon pour les recouvrir. Dès que les pommes de terre sont presque molles,

mixez-les avec un mixeur plongeant (pas tout à fait). Ajoutez le filet de poisson coupé en morceaux et laissez-le tremper jusqu'à ce que le poisson soit cuit. Ajoutez ensuite la crème et les herbes hachées, assaisonnez avec du poivre. Les proportions sont approximatives, la soupe est toujours réussie. Il n'est donc pas nécessaire de respecter à 100% les quantités indiquées.

SMÖRGÅSTÅRTA - GÂTEAU DE PAIN SUÉDOIS

Temps total environ 2 heures

ingrédients
16 tranches de pain blanc ou de
pain grillé, environ 1 kg.

Pour la crème : (crème d'avocat)
4 avocats
200 g de crème fraîche
sel et poivre
1 gousse d'ail
½ oignon de printemps
1 cuillère à soupe de rouleaux de ciboulette
½ citron, son jus

Pour la crème : (crème de betterave)
1 betterave
100 g de crème fraîche
300 g de fromage frais
1 cuillère à café de miel

1 cuillère à café d'aneth, hachée
sel et poivre
Pour la crème : (crème au fromage)
200 g de crème aigre
100 g de fromage frais
1 poivron, mariné
60 g de fromage cheddar ou de gouda jeune
Poivre

Pour badigeonner :
400 g de fromage frais (vous pouvez
également en remplacer une partie par
du fromage blanc allégé ici)
100 g de yaourt nature
1 petit oignon, finement râpé
Pour la décoration :
Carotte
Herbes fraîches (persil lisse et frisé, cerfeuil,
aneth, ciboulette, etc.)
radis
Concombre

Préparation
La préparation est très simple. Pour les garnitures
individuelles, mélangez tous les ingrédients
pour obtenir une crème et mettez-la de côté.

Pour étager le gâteau, coupez le pain blanc ou le
pain grillé de façon à ce qu'il rentre dans la forme
et ensuite le gâteau peut être rempli. Après chaque
couche de crème, mettez une couche de pain. Une

fois que cela est fait, le gâteau est placé dans le réfrigérateur pendant une demi-heure pour refroidir.

Vous pouvez utiliser ce temps pour préparer la décoration. Après le temps de refroidissement, le gâteau est étalé avec la crème extérieure et décoré.

HAVREFLARN

2525 kcal
Temps total environ 15 minutes

ingrédients
150 g de beurre liquide
85 g de flocons d'avoine
120 g de farine
100 g de sucre
1 paquet de sucre vanillé
5 cuillères à soupe de lait
4 cuillères à soupe de sirop ou de miel
1 pointe de couteau de levure chimique
1 pincée de sel

Préparation
Biscuits à l'avoine croustillants, presque
comme l'original, faire environ 35 biscuits.

Mélangez bien la farine, les flocons d'avoine
et la levure chimique dans un bol.

Battez le beurre fondu et légèrement refroidi
avec le sucre, le sucre vanillé et le sel sur le
réglage le plus élevé pendant 2 bonnes minutes
avec un batteur à main. Lorsque le sucre est

dissous, utilisez uniquement une cuillère et n'utilisez pas davantage le mixeur manuel.

Mélangez maintenant le lait et le sirop ou le miel à la masse beurre-sucre et incorporez enfin le mélange de farine. Mélangez le tout jusqu'à ce que la farine se soit bien mélangée au beurre et qu'une pâte uniforme ait été créée. Couvrez le bol et mettez-le au réfrigérateur pendant 15 minutes.

Mélangez à nouveau brièvement après le repos. Découpez maintenant la pâte avec une cuillère à café et placez de petits tas de pâte sur une plaque de cuisson recouverte de papier sulfurisé. Laissez un bon espace entre eux, car les biscuits vont s'écarter. Environ 5 cm était suffisant pour moi.

Mettez maintenant la plaque dans le four préchauffé et faites cuire à 190°C en haut et en bas ou 175°C en four à convection pendant environ 10 minutes. À la fin de la cuisson, sortez la plaque et laissez-la reposer pendant 2 minutes. Ensuite, retirez délicatement le papier sulfurisé, avec les biscuits dessus, de la plaque et laissez les biscuits refroidir complètement.

Il est préférable de ne mettre qu'une seule plaque dans chaque four, mais si vous faites la cuisson avec de l'air circulant, vous pouvez mettre 2 plaques, mais alors vous devez faire attention, car les biscuits peuvent être prêts à des moments différents.

J'ai obtenu un total de 35 biscuits de taille normale.

PAIN BLANC SUÉDOIS

817 kcal
Temps de travail environ 30 minutes
Temps de repos environ 1 heure
Temps total environ 1 heure 30 minutes

ingrédients
¼ Litres de lait
100 g de margarine
2 œufs
¼ cuillère à café de sel
75 g de sucre
1 cuillère à café de cannelle
1 paquet de levure (levure sèche)
500 g de farine
1 cuillère à soupe d'eau
1 pincée de sel
1 cuillère à soupe de sucre, grossier (sucre brut)
20 g d'amande, hachée

Préparation
Faites chauffer le lait et laissez fondre la

margarine dans le lait tiède. Mélangez bien un œuf, puis ajoutez le sel et le sucre. Mélangez la cannelle et la levure sèche à la farine et incorporez progressivement le mélange de lait jusqu'à ce que tout soit bien mélangé.

Pétrissez la pâte sur une planche farinée pendant environ 10 minutes jusqu'à ce qu'elle soit brillante. Graissez légèrement un bol, placez-y la boule de pâte, couvrez-la et laissez-la lever dans un endroit chaud pendant 40 minutes ; la pâte aura alors doublé.

Battez la pâte et pétrissez-la à nouveau sur une planche farinée. Formez un pain d'environ 20 cm de long et mettez-le sur une plaque de cuisson graissée. Couvrez-le légèrement et laissez-le lever pendant encore 20 minutes dans un endroit chaud.

Préchauffez le four à 200°C. Fouettez l'œuf restant avec l'eau et une pincée de sel. Faites plusieurs entailles diagonales dans le pain à l'aide d'un couteau pointu, puis badigeonnez le pain avec l'œuf et saupoudrez-le de sucre et d'amandes. Placez le pain sur la grille centrale du four et faites-le cuire pendant 30 minutes.

PETITS PAINS SUÉDOIS DU DIMANCHE

Temps de travail : environ 15 minutes
Temps de repos env. 1 heure
Temps de cuisson env. 15 minutes
Temps total environ 1 heure 30 minutes

ingrédients
½ cubes de levure fraîche (20 - 25 g)
½ cuillère à soupe de sucre
1 pincée de sel
50 ml d'huile (aussi insipide que possible,
par exemple de l'huile de tournesol)
125 ml d'eau, tiède
250 g de farine
25 g de graines de pavot, à saupoudrer
1 jaune d'œuf, à tartiner

Préparation
Préparez une pâte lisse à base de farine, d'huile,
de 100 à 125 ml d'eau tiède, de sucre, de sel

et de levure émiettée (à l'aide d'un mixeur ou d'un robot) et laissez-la lever pendant 1 heure dans un endroit chaud, à couvert.

Tapissez une plaque à pâtisserie de papier sulfurisé et préchauffez le four à 200° C.

Formez 6 à 8 rouleaux oblongs de taille égale à partir de la pâte et placez-les sur la plaque de cuisson. À l'aide de ciseaux de cuisine, coupez le dessus 3 fois pour former de petits coins. Enduisez tous les rouleaux de jaune d'œuf et saupoudrez-les de graines de pavot.

Faites cuire les rouleaux au milieu du four pendant 10 à 15 minutes jusqu'à ce qu'ils prennent une belle couleur jaune doré.

Laissez-les refroidir et dégustez-les.

En termes de consistance, les rouleaux ressemblent le plus à une tresse à la levure. Le beurre et le miel ou la confiture conviennent le mieux sur le dessus. Mais comme il n'y a pratiquement pas de sucre dans la pâte, le fromage est également délicieux. Les petits pains peuvent également être cuits et congelés pour être conservés. Il suffit alors de les sortir du congélateur le matin et de les décongeler dans le sac de congélation.

Ces petits pains à la levure sont un must pour tous les petits déjeuners du dimanche dans notre famille et sont également connus sous le nom de petits pains du dimanche juifs.

PAIN D'ÉPICES SUÉDOIS

Temps total environ 15 minutes

ingrédients
3 œufs
300 ml de sucre
1 cuillère à soupe de cannelle moulue
1 cuillère à soupe de gingembre moulu
1 cuillère à soupe de clous de girofle moulus
150 ml de confiture (confiture d'airelles)
150 ml de crème fraîche
150 g de beurre, fondu
1 cuillère à café de bicarbonate de soude
450 ml de farine

Préparation
Battez les œufs avec le sucre jusqu'à ce qu'ils soient mousseux. Ajoutez les épices, la confiture d'airelles et la crème fraîche et mélangez le tout. Mélangez la farine avec le bicarbonate de soude et incorporez le tout avec le beurre fondu. Versez dans un moule d'un contenu de 2 l et faites cuire

au four préchauffé à 175°C environ pendant 50-60 minutes sur le plateau du milieu. À la fin du temps de cuisson, faites le test du bâton.

Avec les épices, vous pouvez laisser libre cours à votre créativité et varier les quantités en fonction de vos goûts. Au lieu du bicarbonate de soude, vous pouvez également utiliser de la levure chimique et la quantité de confiture d'airelles est d'environ 5 bonnes cuillères à soupe. Le résultat est très juteux et se conserve bien emballé pendant 2 à 3 semaines. Peut très bien être congelé.

BOULETTES DE VIANDE SUÉDOISES AVEC PURÉE DE POMMES DE TERRE ET SAUCE BRUNE

Temps de travail environ 30 minutes
Temps de repos environ 45 minutes
Temps de cuisson/de cuisson au
four environ 45 minutes
Temps total environ 2 heures

ingrédients
Pour les boulettes de viande :
1 kg de viande hachée, mélangée

200 g de chapelure
1 oeuf
1 cuillère à soupe de crème (retirer
la crème pour la sauce)
1 bouquet de persil, haché
2 oignons, coupés en dés
sel et poivre
Piment de la Jamaïque
Graisse pour la friture

Pour la sauce :
125 ml de vin rouge
1 litre de bouillon de viande
30 g de cèpes séchés ou d'autres champignons séchés
400 ml d'eau chaude
3 cuillères à soupe de confiture d'airelles
2 oignons, coupés en petits dés
300 ml de crème (retirer 1 cuillère à soupe
pour les boulettes de viande)
1 cuillère à café de sauce soja
Fécule de maïs pour lier

Pour les pommes de terre :
1,500 g de pommes de terre, farineuses
1 gousse d'ail
quelques feuilles de laurier
sel et poivre
noix de muscade
un peu de frottement de citron, bio
100 g de beurre
400 ml de lait

Préparation
Faites tremper les champignons dans environ
400 ml d'eau chaude. Mettez-les de côté.

Préparez une pâte homogène à base de viande
hachée, de chapelure, d'œuf et de crème avec du sel,
du poivre et du piment. Faire suer les cubes d'oignon
et le persil dans un peu de graisse, laisser refroidir
légèrement et mélanger à la pâte de viande hachée.
Laissez reposer pendant environ 30 minutes.

Épluchez les pommes de terre et faites-les cuire
avec du sel, du poivre, un peu de laurier - je
prends toujours la partie inférieure des feuilles,
la gousse d'ail coupée et un peu de zeste de citron.
Egouttez. Mettez le beurre dans la casserole,
ajoutez le lait et réduisez le tout en purée.

Formez maintenant de petites boules avec la masse
hachée et faites-les frire à feu moyen. Maintenez-
les au chaud dans le four à environ 80 °C.

Sortez les cèpes trempés du liquide, pressez-les
et coupez-les en petits morceaux. Égouttez le
bouillon de champignons à travers une passoire et
mettez-le de côté. Faites sauter les champignons
avec les deux oignons finement coupés en dés
dans la poêle à boule et déglacez avec le vin.

Détachez la poêle et laissez le vin réduire
fortement. Versez le bouillon et le fond de
champignons. Laissez réduire fortement pendant

environ 30 minutes, jusqu'à environ 13.

Ajouter la confiture d'airelles et la sauce soja. Assaisonnez de sel, de poivre et de piment. Portez à nouveau à ébullition. Ajouter la crème et épaissir la sauce avec de la fécule si nécessaire.

Assaisonnez à nouveau, ajoutez les boulettes à la sauce et laissez-les mijoter quelques instants.

Ce plat se mange traditionnellement avec des pommes de terre, des canneberges et une salade de concombres. Je préfère la purée de pommes de terre.

CHEESECAKE AUX FRAMBOISES ET AU CHOCOLAT BLANC

5710 kcal
Temps de travail environ 30 minutes
Temps de cuisson/de cuisson au
four : environ 1 heure
Temps total environ 1 heure 30 minutes

Ingrédients
250 g de biscuits (biscuits digestifs)
150 g de beurre liquide
400 g de fromage frais
190 g de sucre
2 œufs
1 citron, non traité, dont le zeste est râpé
400 g de framboises
100 g de chocolat blanc, blanc
300 g de crème fraîche

Préparation
Écrasez les biscuits digestifs à l'aide d'un
mixeur et mélangez-les avec le beurre fondu.
Répartissez le mélange dans un moule à
charnière recouvert de papier sulfurisé et faites-
le cuire à 175 degrés pendant 5 à 7 minutes.

Mélangez le fromage frais, les œufs, 150 g de sucre
et le zeste de citron râpé jusqu'à obtenir un mélange
lisse. Incorporez la moitié des framboises et répartissez le mélange sur la base précuite. Faites cuire
le gâteau pendant environ 30 minutes à 175 degrés
jusqu'à ce que le mélange ait pris. Si vous utilisez
des framboises surgelées légèrement décongelées,
le temps de cuisson passe à environ 45 minutes.

Mélangez 40 g de sucre et la crème fraîche. Faites
fondre le chocolat au bain-marie et mélangez-
le à la crème fraîche. Répartissez ce mélange sur
le gâteau et faites-le cuire à nouveau à 175 degrés
pendant environ 6 à 8 minutes. Lorsque le gâteau a
refroidi, décorez-le avec les framboises restantes.

Le gâteau est plus savoureux s'il est
placé au réfrigérateur pendant quelques
heures ou toute la nuit.

Remarque : dans les recettes suédoises, les
quantités sont souvent indiquées en décilitres
(dl). La plupart des ménages possèdent un jeu de
cuillères à mesurer contenant une mesure d'épice

(1 ml), une cuillère à café (5 ml), une cuillère à soupe (15 ml), un demi-décilitre (50 ml) et un décilitre entier (100 ml). Dans la présente recette, les quantités ont été converties en grammes.

DRÖMMAR - BISCUITS SUÉDOIS

3912 kcal
Temps de travail environ 10 minutes
Temps de repos environ 1 heure
Temps total environ 1 heure 10 minutes

Ingrédients
150 g de beurre, à température ambiante
250 ml de sucre
1 cuillère à soupe de sucre vanillé
500 ml de farine
100 ml d'huile (pas d'huile d'olive !)
½ cuillère à café de bicarbonate
d'ammonium de corne de cerf

Préparation
Mélanger le beurre et le sucre, ajouter l'huile,
ajouter la farine et le bicarbonate d'ammonium de
corne de cerf et travailler pour obtenir une pâte.

Formez des boules de la taille d'une noix
et placez-les sur une plaque de cuisson
(graissée ou avec du papier sulfurisé).

Faites cuire au four pendant 20 minutes
à 150°C sur le plateau du milieu.

Laisser refroidir et servir ou conserver
dans une boîte.

ROULEAUX DE PUNCH SUÉDOIS

Temps total environ 30 minutes

Ingrédients
100 g de beurre, à température ambiante
100 g de biscuits, émiettés
100 g de sucre en poudre
4 cuillères à café de cacao
2 cuillères à soupe de rhum
300 g de pâte d'amandes
un peu de colorant alimentaire, vert
un peu de sucre en poudre
un peu de glaçage pour gâteau, foncé

Préparation
Pétrissez un mélange lisse de beurre, de miettes
de biscuits, de sucre en poudre, de cacao et
de rhum (si nécessaire, ajoutez un peu plus de
beurre). Placez le mélange au réfrigérateur.

Colorez la masse brute de massepain avec du
colorant alimentaire et pétrissez-la avec un peu
de sucre en poudre. Roulez-la finement. Sortez la

garniture du réfrigérateur et formez des rouleaux de 5 cm de long et de 2 cm d'épaisseur. Coupez la pâte d'amande en rectangles et enveloppez-y les rouleaux en pressant fermement les extrémités.

Faites fondre le glaçage pour gâteau et trempez-y les deux extrémités des rouleaux. Laissez-les sécher sur du papier sulfurisé et rangez-les au réfrigérateur où ils se conserveront environ 4 jours.

TORTE SUÉDOISE AUX AMANDES

4237 kcal
Temps total environ 20 minutes

Ingrédients
6 œufs de taille moyenne
150 ml de crème fouettée
125 g de sucre
100 g de sucre en poudre
225 g d'amandes, sans peau
100 g de beurre, mou
60 g d'amandes effilées, pour décorer

Préparation
Séparer les œufs.
Portez la crème et le sucre à ébullition dans une
casserole, retirez du feu et incorporez le jaune d'œuf.
Chauffer à feu doux pendant 5 minutes jusqu'à
l'obtention d'un mélange crémeux et épais. Ne pas
faire bouillir ! Couvrez-le de film alimentaire et
laissez-le refroidir pour qu'il ne se forme pas de peau.

Battre le blanc d'œuf en neige, en ajoutant

le sucre en poudre. Incorporer les amandes moulues, puis remplir le mélange dans un moule à charnière (diamètre 26 cm). Faire cuire au four à convection à environ 150° C pendant 25 minutes, puis laisser refroidir.

Faire griller les amandes effilées dans une poêle sans matière grasse jusqu'à ce qu'elles soient jaune doré, puis laisser refroidir.

Remuez le beurre jusqu'à ce qu'il devienne crémeux, puis incorporez la crème aux œufs à la cuillère. Retirez le fond du moule et étalez la crème au beurre et aux œufs sur le dessus. Saupoudrez-le d'amandes et d'un peu de sucre en poudre.

SALADE DE PÂTES

Temps de travail : environ 30 minutes
Temps de repos : environ 1 heure
Temps total env. 1 heure 30 minutes

Ingrédients
300 g de pâtes
100 g de chair de potiron, aigre-douce
100 g d'oignon nouveau
1 cuillère à café de zeste d'orange, râpé
4 cuillères à soupe de jus d'orange
2 cuillères à soupe de mayonnaise
100 g de yaourt
2 cuillères à café de raifort
1 cuillère à soupe de jus de citron
½ bouquet d'aneth
100 g de saumon (saumon fumé)
150 g de crevettes

Préparation
Faites cuire les nouilles al dente. Couper le
potiron et les oignons en dés. Bien mélanger
la mayonnaise, le yaourt, le jus d'orange, le jus
de citron, le citron râpé, le raifort et l'aneth et
assaisonner à votre goût avec du sel, du poivre

et du sucre. Mélangez bien le tout. Incorporez le
saumon et les crabes. Laissez reposer un moment.

GÂTEAU D'ANNIVERSAIRE SUÉDOIS

Temps de travail : environ 30 minutes
Temps de repos environ 2 heures
Temps de cuisson/de cuisson au
four : 15 minutes environ

Temps total environ 2 heures 45 minutes

ingrédients
3 œufs, séparés
150 g de sucre
3 cuillères à soupe d'eau
150 g de farine
1 cuillère à café de levure chimique
1 tasse de crème fouettée (chantilly)
1 ½ paquet de pâte d'amandes, grande taille
1 pot de confiture (framboise)
1 paquet de colorant alimentaire, vert

Préparation
Le sol :

Battre les jaunes d'œufs, l'eau et le sucre jusqu'à
ce qu'ils deviennent mousseux. Incorporer
ensuite la farine et la levure chimique. Battre
le blanc d'œuf jusqu'à ce qu'il devienne ferme
et l'incorporer également. Ensuite, faites cuire
au four à 200° C pendant 10-15 minutes.
(En fait, cette recette est une simple pâte à
génoise. Si quelqu'un la veut plus raffinée,
il peut aussi essayer d'autres recettes).

La garniture :
Comme je me facilite la tâche, je me suis contenté
de fouetter la crème (chantilly) jusqu'à ce qu'elle
soit bien ferme et de la sucrer avec un peu de sucre.

Le couvercle :
Il suffit de pétrir le colorant alimentaire dans
la pâte d'amande. Puis étaler la pâte d'amande
en cercle entre deux feuilles de plastique
(film alimentaire) de façon à ce qu'elle
s'adapte au gâteau comme un couvercle.

Le gâteau :
Coupez la base cuite en deux et répartissez
la confiture de framboises et une partie de la
crème fouettée sucrée entre les moitiés.
Puis repliez les moitiés ensemble. Étalez le reste
de la crème sur la base du gâteau pour former un
dôme rond. Retirez ensuite la feuille d'aluminium
d'un côté de la pâte d'amande étalée et mettez
la pâte d'amande sur le gâteau. Laissez refroidir

l'ensemble du gâteau au réfrigérateur.

Le gâteau de princesse est fabriqué en Suède pour le 16e anniversaire des filles. Traditionnellement, le gâteau est vert pastel. Si vous le souhaitez, vous pouvez également mettre du pudding à la vanille entre les tranches du bas.

BULLAR - GÂTEAUX SUÉDOIS À LA LEVURE

145 kcal
Temps de travail environ 30 minutes
Temps de repos environ 1 heure
Temps total environ 1 heure 30 minutes

Ingrédients
75 g de beurre
¼ Litres de lait
25 g de levure
50 g de sucre
¼ cuillère à café de sel
½ cuillère à café de cardamome
500 g de farine
3 cuillères à soupe de beurre
3 cuillères à soupe de sucre
1 cuillère à soupe de cannelle

1 oeuf, battu
Sucre (sucre du grêle)

Préparation

Faites fondre la graisse, ajoutez le lait, faites chauffer à température tiède. Émiettez la levure dans un bol, ajoutez le lait chaud et la graisse et remuez jusqu'à obtenir une pâte lisse. Ajoutez le sucre, le sel, la cardamome et la farine et pétrissez pour obtenir une pâte lisse. Couvrez et laissez lever pendant 30 minutes. Pétrir à nouveau la pâte et l'étaler sur 1 cm d'épaisseur. Badigeonnez-la de beurre et saupoudrez-la de sucre à la cannelle.

Roulez la pâte en tranches de 2 cm. d'épaisseur et mettez-les dans des moules à pâtisserie. Mettez-la sur une plaque à pâtisserie, laissez-la lever pendant 30 minutes, badigeonnez-la d'œuf battu et saupoudrez-la de sucre. Faites cuire au four à 225 degrés pendant 5-10 minutes.

BISCUITS SUÉDOIS AUX ÉPICES - BISCUITS D'ORIGNAL

6789 kcal
Temps de travail environ 1 heure 15 minutes
Temps de repos environ 12 heures
Temps de cuisson/cuisson environ 6 minutes

Temps total environ 13 heures 21 minutes
Ingrédients 250 g de beurre
250 g de sucre
200 g de sirop de betterave
¼ cuillère à café de cardamome
¼ cuillère à café de gingembre en poudre
¼ de cuillère à café de poudre de clou de girofle
2 cuillères à soupe de cannelle en poudre
100 ml d'eau
700 g de farine
1 cuillère à café de levure chimique

200 g de sucre en poudre
un peu de jus de citron

Préparation
Faites chauffer le beurre, le sucre et le
sirop dans une casserole jusqu'à ce que le
sucre soit dissous. Incorporer les épices et
laisser refroidir un peu le mélange.
Incorporez l'eau. Pétrissez la farine et
la levure chimique et enveloppez la
pâte dans du papier aluminium.

Préchauffez le four à 175° (chaleur
supérieure et inférieure).

Étaler la pâte finement en portions et découper
différents motifs avec des emporte-pièces. J'utilise
l'élan pour cela. Mettez les biscuits sur une plaque
de cuisson recouverte de papier sulfurisé.
Si vous voulez suspendre les biscuits,
faites un trou avant la cuisson.
Fais-les cuire au four pendant environ 6
minutes. Laissez-les bien refroidir.

Mélangez le sucre en poudre avec le jus de
citron et décorez les biscuits avec. Laissez
sécher, puis rangez-les dans une boîte.

GÂTEAU AUX NOIX

4315 kcal
Temps total environ 15 minutes

Ingrédients
6 œufs
250 g de sucre
1 paquet de sucre vanillé
400 g de noisettes, moulues
2 cuillères à soupe de chapelure (bombée)
1 paquet de levure chimique
1 cuillère à soupe de sucre en poudre

Préparation
Battez les oeufs avec le sucre et le sucre vanillé
jusqu'à ce que le mélange soit mousseux. Mélangez
les noix, la chapelure et la poudre à lever et
incorporez-les à la mousse. Remplissez la pâte
dans un moule bien graissé et faites cuire au four
à 160°C pendant 55-60 minutes (test du bâton).

Retournez le gâteau sur une grille, laissez-le
refroidir, puis saupoudrez-le de sucre en poudre.

POMMES DE TERRE SUÉDOISES AU FOUR AVEC DU FROMAGE BLANC AUX HERBES

832 kcal
Temps de travail environ 45 minutes
Temps de cuisson/de cuisson au
four : environ 45 minutes
Temps total environ 1 heure 30 minutes

Ingrédients
8 pommes de terre de taille moyenne
150 ml d'huile de colza
Sel
Poivre noir
5 cuillères à soupe de beurre
4 cuillères à soupe de chapelure
100 g de crème fraîche

200 g de fromage blanc allégé
ciboulette, finement hachée
persil, finement haché
basilic à volonté, finement haché
aneth à volonté, finement haché
1 citron vert, le jus de celui-ci

Préparation

Lavez et séchez soigneusement les pommes de
terre. Coupez chaque pomme de terre à intervalles
rapprochés jusqu'à la fin, sans couper à travers.
Badigeonnez d'huile, également à l'intérieur entre
les côtés créés. Assaisonnez avec du sel et du poivre
(n'oubliez pas non plus les côtés intérieurs).

Faites cuire au four à 200°C pendant environ 30
minutes jusqu'à ce qu'elles soient bien dorées et
enduisez-les de temps en temps d'huile salée.

Faites fondre le beurre dans une poêle et faites-
y dorer légèrement la chapelure. Répartissez
la chapelure sur les pommes de terre et faites
cuire à nouveau pendant 10-15 minutes.

Pour le fromage blanc aux herbes, mélangez
la crème fraîche avec le fromage blanc et les
herbes finement hachées et assaisonnez avec
du sel, du poivre et du jus de citron vert.

Déposer 4 cuillères à soupe de chaque fromage
blanc aux herbes sur une assiette et, selon
la taille des pommes de terre, ajouter 2 à

3 pommes de terre et servir chaud.

KÖTTBULLAR À LA CRÈME DE CHAMPIGNONS

967 kcal
Temps de travail env. 30 minutes
Temps de cuisson/de cuisson au
four : environ 35 minutes
Temps total environ 1 heure 5 minutes

Ingrédients
500 g de viande hachée, mélangée
1 oignon de taille moyenne
500 g de champignons frais
200 g de crème
200 ml de lait
1 oeuf
un peu de chapelure
un peu de noix de muscade
1 cuillère à café bombée de persil frais ou congelé
du sel et du poivre blanc
un peu de beurre
1 cuillère à soupe de farine

1 petit verre de compote d'airelles

Préparation

Pelez et coupez l'oignon en dés et faites-le rôtir à feu moyen dans un peu de beurre jusqu'à ce qu'il devienne vitreux. Pendant ce temps, nettoyez les champignons, raccourcissez le pied et émincez les champignons. Retirez les oignons de la poêle et laissez-les refroidir. Faites revenir les champignons dans la poêle avec un peu de beurre.

Mélangez la viande hachée avec les oignons, l'œuf, la chapelure et le persil, assaisonnez avec un peu de sel, de poivre et de noix de muscade et pétrissez bien. Humidifiez légèrement vos mains et formez de petites boulettes de 2 à 3 cm de diamètre à partir de la pâte de viande. Dans une deuxième poêle, faites-les revenir dans un peu de beurre à feu moyen jusqu'à ce qu'elles soient dorées de tous les côtés, puis retirez-les de la poêle.

Saupoudrez le rôti dans la poêle avec une cuillère à soupe de farine. Déglacez avec le lait et la crème, laissez légèrement mijoter et retirez la friture du fond de la poêle. Assaisonnez à votre goût avec du sel, du poivre et de la noix de muscade. Ajouter les champignons et les boulettes et laisser mijoter le tout pendant un moment.

Ajoutez les pommes de terre persillées et les canneberges.

GÂTEAU AU CHOCOLAT SUÉDOIS

6756 kcal
Temps total environ 30 minutes

Ingrédients
5 œufs
400 g de sucre
300 g de farine
3 cuillères à café de levure chimique
2 cuillères à soupe de cacao en poudre
200 ml d'eau
200 g de beurre
Pour le glaçage :
250 g de sucre en poudre
5 cuillères à soupe de beurre fondu
5 cuillères à soupe de café
1 cuillère à soupe de cacao en poudre
un peu de vanille

Pour le décor :

1 poignée de noix de coco râpée

Préparation

Vous aurez besoin d'un grand et d'un petit bol, d'un mixeur, d'une petite casserole et de quelque chose pour étaler le glaçage.

Dans le grand bol, battez les œufs avec le sucre jusqu'à ce qu'ils deviennent mousseux. Mélangez la levure avec la farine et le cacao et incorporez-les à la mousse. Pendant ce temps, placez une casserole avec l'eau et le beurre sur le dessus et portez brièvement à ébullition. Laissez refroidir un peu l'eau chaude du beurre, sinon l'œuf va cailler dans la pâte, puis ajoutez-la à la pâte et mélangez le tout.

Étalez la pâte sur une plaque de cuisson graissée, secouez-la brièvement pour qu'elle lève uniformément et faites-la cuire dans le four préchauffé à 200°C à convection pendant 20-25 minutes.

Laissez maintenant refroidir la pâte et seulement après, mélangez le glaçage à partir des ingrédients indiqués. Si le glaçage devient trop ferme, mettez-le dans une petite casserole avec de l'eau bouillante pour ramollir à nouveau le beurre. Répartissez le glaçage uniformément sur le gâteau (éventuellement avec un pinceau) et saupoudrez les flocons de noix de coco par-dessus.

IMPRINT

Mindful Publishing
We help you to publish your book!
By

TTENTION Inc.
Wilmington - DE19806
Trolley Square 20c

Instagram: mindful_publishing
Contact: mindful.publishing@web.de
Contact2: mindful.publishing@protonmail.com